Linkedin
richtig einsetzen und nutzen

eine Anleitung für Privatpersonen und Unternehmen

Herstellung und Verlag: BoD – Books on Demand,

Norderstedt

ISBN 9783746007298

Inhaltsverzeichnis

1. Einleitung

LinkedIn ist ein soziales Netzwerk, mit dem Sie auf

beruflicher Basis mit Privatpersonen oder Unternehmen

kommunizieren und sich verbinden können. Sie können es

nutzen, um potentielle Arbeitgeber zu finden und sind

gleichzeitig aktiv und passiv über neue Stellen informiert.

LinkedIn ist auch ein ideales Tool für Networking.

Auf LinkedIn können Sie Ihren Lebenslauf professionell

präsentieren, und geschäftliche Kontakte knüpfen. Auch

Kundenbeziehungen sind über das Netzwerk einfach zu

pflegen und Sie haben eine Übersicht, welcher Kontakt von

Ihnen welche berufliche Laufbahn einschlägt.

Wir haben Ihnen mit diesem E-Book einige Ratschläge zusammengestellt, wie Sie sich am besten auf LinkedIn präsentieren können und auf was Sie besonders achten sollten.

2. URL anpassen

Was viele nicht wissen, ist, dass man die URL anpassen

kann. Bei der Erstellung des Profils generiert LinkedIn eine

zufällige URL, beispielsweise:

https://www.linkedin.com/in/max-m%C3%A4ste-323489466b119/

Sie können diese aber unter den Kontaktdaten abändern

zu:

https://www.linkedin.com/max-muster

Mit einer einfachen URL werden Sie schon einmal einfacher

gefunden und können es, wenn Sie möchten, auch auf Ihre

Visitenkarten kopieren.

Hierzu gehen Sie auf „Profil aktualisieren", danach

erscheinen auf der rechten Spalte mehrere Optionen. Die

mittlere Option „Öffentliches Profil und URL bearbeiten"

öffnet Ihnen ein neues Fenster. Wiederum auf der rechten

Seite können Sie gleich die Profil-URL anpassen.

3.

URL für öffentliches Profil bearbeiten

Unterstreichen Sie Ihre persönliche Marke,
indem Sie eine eigene URL für Ihr öffentliches
LinkedIn Profil erstellen.

www.linkedin.com/in/rogerbasler

| Speichern | Abbruch |

Hinweis: Ihre persönliche URL muss zwischen
5 und 30 Buchstaben oder Zahlen umfassen.
Bitte verwenden Sie keine Leerstellen, Symbole
oder Sonderzeichen.

3. Profilbild & Header

Der erste Eindruck zählt. Wählen Sie ein ansprechendes

Profilfoto und einen Header, der neugierig macht,

informativ ist oder provoziert. Bedenken Sie, LinkedIn ist

auf beruflichen Kontakt ausgerichtet, suchen Sie sich ein

seriöses und angemessenes Foto aus.

Für den Header gehen Sie auf „Profil aktualisieren". Auf

der rechten Seite hat es einen Stift, wenn Sie mit der Maus

auf das Icon klicken, erscheint Ihr Profil in einer

vergrösserten Ansicht, wo ein weiteres Stift-Icon im Header

erscheint. Mit einem Klick können Sie hier das Headerbild

von Ihrem Computer aus auswählen.

LinkedIn empfiehlt eine Bildgrösse von 1'584x396 Pixel

und akzeptiert Bildformate wie JPG, PNG und GIF mit einer

maximalen Grösse von 8 MB.

Roger L. Basler de Rocca · 1.
Digital Business Models: fragen Sie mich für Business Development und Digitales Marketing
diverse · Universidad de Oviedo
Zürich und Umgebung, Schweiz · 500+ 👥

Nachricht   Mehr ...

Ich bin Unternehmer, überzeugter Ökonom, Nespresso-Fan, Weltenbummler und Jazz-Fan, wohnhaft in Winterthur.
Ich unterstütze Unternehmen in ihren täglichen Herausforderungen in den Bereichen Strategie, Digitalisierung, so...

Mehr anzeigen ⌄

4. Profilbutton

Wenn Sie über eine eigene Website verfügen, können Sie auf dieser einen Social Media Button einfügen. So können Ihre Website-Besucher gleich auf Ihr Profil zugreifen und Sie vermitteln Seriosität.

Achten Sie bei allen Social Media Profilen darauf, dass sie gleich lauten. Mit Namechk.com können Sie überprüfen, welche Usernamen auf welchen Websites noch verfügbar sind. Testen Sie die Verbindungen danach jeweils. Manche CMS schalten zusätzlich ein „www" vor die URL (zum Beispiel www.http://www...) was den Link dann unbrauchbar macht.

Achten Sie ausserdem darauf, dass Ihre Social Media

Profile sich gegenseitig verlinken. So können Sie zum

Beispiel in Ihrem Twitter Profil auf Linkedin verweisen und

von dort auf Ihre Website. Auf diese Weise lernen Sie

potentielle Kunden und Partner gleich kennen.

5. Website oder Blog verlinken

Jedes Profil kann bis zu drei Links zu Websites anzeigen und Sie können diese anpassen, indem Sie Ihr Profil bearbeiten. Klicken Sie hierzu in der oberen Navigation auf „Profil", dann auf „Profil bearbeiten". Dort können Sie Ihre Kontaktdaten auswählen, das Stift-Symbol neben Ihren Website-Links anklicken und in der Auswahlliste „Sonstiges" wählen.

Sie können rechts unter Ihrem Profil bei „Kontaktinformationen" auf den Bearbeitungsstift klicken. Es geht ein Formularfeld auf mit Ihren Details, wo sie eine URL hinzufügen können. Weiter können Sie auswählen, um was für eine Art Website es sich handelt. Ist es ein persönlicher Blog, eine unternehmerische Website oder

sonstiges.

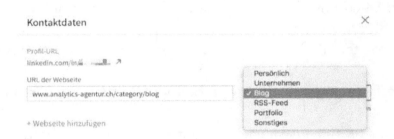

6. Suchmaschinenoptimierung

LinkedIn bietet Ihnen die Möglichkeit, Ihr Profil so

anzupassen, dass bei Eingabe von gewissen Stichwörtern

im Suchfeld Ihr Name gleich erscheint. Diese Funktion ist

vor allem für die Suche nach neuen Kontakten gedacht. So

können Sie beispielsweise nach Digital Marketing suchen,

um neue Experten oder potentielle Arbeitgeber zu suchen.

7. Arbeitsproben

Sie können Ihrem Account noch mehr Ausdruck verleihen,

indem Sie Ihr Profil noch weiter ausbauen mit

verschiedenen externen Dokumenten. Sie können Videos,

Bilder, Dokumente, Links und sogar Präsentationen zu

Ihrem Profil hinzufügen.

Auch hier gehen Sie auf Ihr Profil und „Profil aktualisieren".

Wiederum können Sie nun auf den Stift auf der rechten

Seite klicken, bis das separate Fenster aufgeht. In diesem

scrollen Sie, bis Sie am Schluss zum Feld „Hochladen"

kommen.

Die Grösse ist auf 15 MB begrenzt, Sie können aber

jegliche Dateiformate hochladen über Präsentationen,

Fotos und sonstige Dokumente. Unter „Link" können Sie

auch URL oder Videos auf Ihrem Account platzieren.

Medien (21)   Weiter ›

Industrie 4.0 - Eine Chance   Vertical Commerce
für Schweizer KMU   Internetbriefing Mai 2014

Weniger anzeigen ⌃

8. Abschnitte hinzufügen

LinkedIn lässt Sie Ihr Profil individuell gestalten mit

verschiedenen Abschnitten. Sie können diese auch nach

Ihren Wünschen anordnen. Bei „Profil aktualisieren"

können Sie einen Profilbereich hinzufügen, beispielsweise

eine Ausbildung oder Ehrenamtliche Erfahrungen.

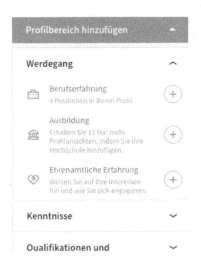

9. Stellensuche

Durch das LinkedIn ein berufliches Netzwerk ist, sind Sie hier an der richtigen Stelle, wenn Sie einen Job suchen. Die Funktion des „Resume Builders" wurde leider eingestellt, Sie haben jedoch immer noch die Möglichkeit, direkt auf LinkedIn auf ein Stellenangebot zu reagieren oder Ihr Profil als PDF-File zu exportieren. Zusätzlich zur gespeicherten Suche schlägt Ihnen LinkedIn auch ähnliche Stellenangebote vor und sogar solche, die zu Ihrem Profil passen.

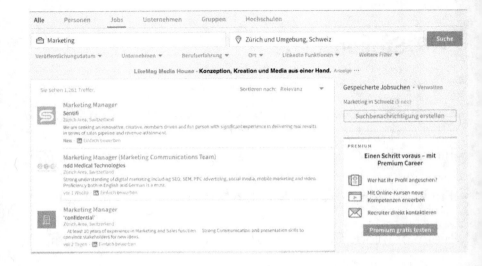

10.   Visual CV

Mit einem Visual CV können Sie ganz leicht einen

Lebenslauf aus Ihrem LinkedIn Profil erstellen und jederzeit

online sichtbar haben. Unter

www.visualcv.com/de/linkedin-cv-builder/ können Sie sich

registrieren und ohne Probleme alle Daten von LinkedIn

importieren lassen.

11. Kenntnisse bestätigen

Sie haben in Ihrem Profil ebenfalls die Funktion wo Sie Ihre

Kenntnisse angeben können. Andere Nutzer können diese

noch bestätigen, um Ihnen noch zusätzliche

Glaubwürdigkeit zu verleihen.

Roger L. Basler de Rocca hat auch Erfahrung in ...

Entrepreneurship · 99+ ⊕	Management · 94 ⊕	Social Media · 90 ⊕
Business Develop... · 88 ⊕	Marketing Strategy · 81 ⊕	Business Strategy · 70 ⊕
New Business De... · 67 ⊕	Strategic Planning · 66 ⊕	Management Con... · 56 ⊕
Leadership · 56 ⊕	Team Leadership · 52 ⊕	Marketing · 51 ⊕
CRM · 49 ⊕	Social Media Mar... · 46 ⊕	E-commerce · 44 ⊕
Online Marketing · 43 ⊕	Mergers & Acquisi... · 37 ⊕	Corporate Comm... · 31 ⊕
Digital Marketing · 30 ⊕	Organizational De... · 29 ⊕	Search Engine Op... · 29 ⊕
E-commerce Cons... · 28 ⊕	Start-up Consulting · 27 ⊕	Consulting · 26 ⊕
Public Speaking · 26 ⊕	Venture Capital · 23 ⊕	Business Planning · 20 ⊕
Marketing Comm... · 19 ⊕	International Proj... · 13 ⊕	Finance · 12 ⊕
Mergers · 7 ⊕	Customer Relatio... · 5 ⊕	Startup Develop... · 2 ⊕
Analytics · 2 ⊕	Go-to-market Str... · 2 ⊕	Creative Writing · 2 ⊕
Business Network... · 1 ⊕	Change Managem... · 1 ⊕	

12.　Um eine Empfehlung bitten

Sie können auch um Empfehlungen bitten. Dies können

Sie, indem Sie bei dem gewünschten Profil auf das Feld

„Mehr" klicken und „Um eine Empfehlung bitten"

anwählen. Danach erscheint ein Fenster, indem Sie Ihre

Beziehung zur Person auswählen können. Danach können

Sie eine persönliche Nachricht senden und begründen,

warum Sie um eine Empfehlung bitten.

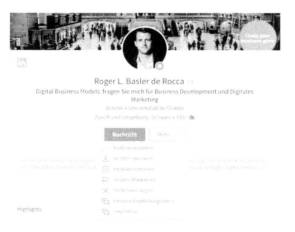

13. Was haben wir gelernt bisher?

Nachdem Sie nun von uns die wichtigsten Tipps zur Erstellung von Ihrem LinkedIn Profil erhalten haben, können Sie nun Ihr Profil professionell gestalten. Sie haben erfahren, wie Sie Ihre URL anpassen und wie ein seriöses Profilbild aussehen soll und ebenfalls, dass ein Header von Vorteil ist. Weiter können Sie einen Profilbutton auf Ihrer Website einfügen und umgekehrt Ihre Website dann wieder auf LinkedIn verlinken. Sie können Ihr Profil für Suchmaschinen optimiert einrichten sowie Arbeitsproben hochladen und Abschnitte in Ihrem Account hinzufügen. Wenn Sie auf Stellensuche sind, wissen Sie nun auch, wie Sie Angebote in LinkedIn finden und einen Visual CV aus Ihrem Profil erstellen können. Zum Schluss wissen Sie, wie

Sie um Kenntnisse, Bestätigungen und um Empfehlungen bitten können.

Der nächste Schritt wäre nun, aktiv zu werden. Auch dazu haben wir Ihnen eine Schritt für Schritt Anleitung geschrieben.

In den nächsten Kapiteln erfahren Sie nun, wie Sie professionelles Networking betreiben.

14. Teil 2: Richtiges Networken

Wir haben in den vorgehenden Kapiteln darüber

gesprochen, wie Sie ein professionell aussehendes

LinkedIn-Profil erstellen können. Sie haben dort zum

Beispiel erfahren, wie Sie Ihre URL anpassen und wie ein

seriöses Profilbild aussehen soll und ebenfalls, dass ein

Header von Vorteil ist. Weiter können Sie einen

Profilbutton auf Ihrer Website einfügen und umgekehrt Ihre

Website dann wieder auf LinkedIn verlinken. Sie können Ihr

Profil für Suchmaschinen optimiert einrichten sowie

Arbeitsproben hochladen und Abschnitte in Ihrem Account

hinzufügen. Wenn Sie auf Stellensuche sind, wissen Sie nun

auch, wie Sie Angebote in LinkedIn finden und einen Visual

CV aus Ihrem Profil erstellen können. Zum Schluss wissen Sie, wie Sie um Kenntnisse Bestätigungen und um Empfehlungen bitten können.

Nachdem Sie Ihr persönliches LinkedIn-Profil auf den neuesten Stand gebracht haben, können Sie mit dem Networking beginnen. Davon handelt dieser Ratgeber.

Heutzutage ist es gang und gäbe, dass Networking nicht mehr nur Face-to-Face, sondern in der digitalen Welt stattfindet. Dies bietet sehr viele Vorteile und öffnet auf beruflicher Ebene neue Welten. Online können Kontakte einfacher geknüpft, gepflegt und auch entdeckt werden. Sie können auch brancheninterne News einfach verbreiten und sich so bekannter machen. Sie können sich aber auch aktuell weiterbilden mit Blogs, Daten oder sonstigen

Einblicken. In diesem Buch zeigen wir Ihnen, wie Sie

Networking über LinkedIn am besten für sich nutzen

können.

15.   Direktnachricht senden

Mit einer Premium-Mitgliedschaft von LinkedIn haben Sie

die Möglichkeit, direkte Nachrichten auch an Personen zu

senden, mit denen Sie nicht vernetzt sind.

Dies können Sie sehr gut nutzen, wenn Sie Ihr Netzwerk

ausbauen möchten. Eine Anfrage wird tendenziell eher

angenommen, wenn der Angefragte weiss, warum Sie mit

ihm in Kontakt treten möchten. Sie vermitteln auch sofort

einen positiven und seriösen Eindruck mit einer

persönlichen InMail.

Ohne Premium-Mitgliedschaft haben Sie die Möglichkeit,

sich gleich zu vernetzen, wobei Sie auch hier eine Nachricht

mit der Anfrage mitsenden können, oder in derselben

Gruppe beitreten, wo Sie auch direkt Nachrichten

versenden können.

16. Sich vorstellen lassen

Wenn Sie mit einer Person in Kontakt treten möchten, und

nicht genau wissen, wie Sie dies anstellen sollten, dann

können Sie die Funktion nutzen, sich vorstellen zu lassen.

Wenn Sie und Ihr Wunschkontakt eine gemeinsame

Verbindung haben, können.

17. Newsfeed checken

Checken Sie Ihren Newsfeed. Sie können sich einfach up-to-date halten und so branchenrelevante News frühzeitig erfahren. Falls Sie wenig Zeit zur Verfügung haben, können Sie auch nach den relevantesten News filtern, anstatt sich die aktuellsten anzeigen zu lassen.

Sie müssen nicht nur lesen, was in Ihrem Feed geschieht, sondern auch selbst aktiv werden. Als Anfänger können Sie sich anfangs auch Inspirationen suchen, und sich langsam herantasten mit verschiedenen Interaktionen.

Sie können Beiträge mit einem Gefällt mir markieren und kommentieren oder teilen. So wird Ihr Name auch schon vermehrt von Ihren Verbindungen wahrgenommen und bekannt gemacht, bevor Sie überhaupt selbst anfangen,

aktiv zu werden. So sehen auch andere Kontakte, dass es

sich lohnt, Sie in Ihrem Netzwerk zu haben.

18.   Seien Sie sichtbar

Achten Sie darauf, dass Sie Ihren Account nicht anonym eingestellt haben. Seien Sie sichtbar für Ihre Mitmenschen. Es ist gut, wenn jemand sieht, dass Sie sein Profil besucht haben oder sich vielleicht sogar über eine Kontaktaufnahme freuen würden.

Ein anonymes Profil hat fast keine Chance, richtiges Networking zu betreiben.

Überprüfen Sie gleich jetzt, ob Ihr Profil auch für andere sichtbar angezeigt wird. Sie können bei Ihren Einstellungen auf „Datenschutz" und dann auf „Profilansichten".

Dort können Sie festlegen, ob man Ihr Profil sieht, nur Ihre Branche oder gar nichts.

Profilansichten

Festlegen, ob Sie sichtbar oder im Privatmodus surfen möchten

Bestimmen, was Personen sehen, deren Profil Sie besuchen

Ihren Namen und Profil-Slogan

Private Profileigenschaften

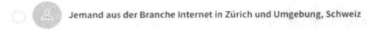

Jemand aus der Branche Internet in Zürich und Umgebung, Schweiz

Privatmodus

Anonymes LinkedIn Mitglied

19. Profilbesucher

Wenn Sie nicht anonym surfen, können Sie auch sehen,

welche User Ihr Profil besucht haben. Dies können Sie

nutzen, um zu sehen, wen Ihr Profil anspricht und könnte

bereits eine Möglichkeit sein, Kontakte zu knüpfen.

20.   Kontakte knüpfen

Networking dreht sich um „sehen und gesehen" werden.

Aber es sind nicht nur „flüchtige Bekannte" in Ihrem

Netzwerk nötig, sondern Kontakte, die Sie weiterbringen

und mit denen Sie auf beruflicher Ebene eine Beziehung

aufbauen können.

Sie können auf verschiedene Weise ihr Kontaktnetz

aufbauen. Einerseits über die normale Suche, anderseits

Wen kennen Sie bereits auf LinkedIn?
Sie können Ihr Netzwerk schnell und einfach erweitern, indem Sie
Personen aus Ihrem Adressbuch einladen.

Ihre E-Mail-Adresse

Wir importieren Ihr Adressbuch, um Ihnen Kontakte vorzuschlagen. Mehr erfahren

können Sie auch aus Ihrem Adressbuch via E-Mail-Adresse

Kontakte einladen und sich so vernetzen. LinkedIn schlägt

Ihnen auch laufend Kontakte vor, die Sie kennen könnten.

21. Kontakte importieren

Wenn Sie daran sind, Ihr Netzwerk aufzubauen, können Sie

eine weitere sehr nützliche Funktion von LinkedIn nutzen.

Sie können Ihre bestehenden Kontakte in LinkedIn

importieren und sich mit diesen vernetzen.

Dazu gehen Sie auf „Ihr Netzwerk" und auf der linken Seite

auf „weitere Optionen". Danach erscheint in der Mitte die

Suchmaske, die wir im vorherigen Kapitel gesehen haben.

Weitere Möglichkeiten, Kontakte zu finden

Gmail

Yahoo

Outlook

AoL. AOL

Von anderen Anbietern importieren

Per E-Mail einladen

Datei hochladen

Rechts davon erscheint ein Feld

„weitere Möglichkeiten, Kontakte

zu finden". Sie können nun Ihren

persönlichen E-Mail-Account mit

LinkedIn verknüpfen und alle vernetzen.

22. LinkedIn-Gruppen

Sie können auch einer Gruppe beitreten. Hier können Sie

Beiträge veröffentlichen und Beiträge anderer lesen,

kommentieren und teilen. Sie haben auch hier die Chance,

sich als Experte in der Branche darzustellen und

Diskussionen starten sowie Fragen beantworten.

Sie können auch hier in Ihrer Branche Ideen sammeln.

Beobachten Sie, was Personen aus Ihrer Branche bewegt

und was Sie für Fragen stellen. Danach können Sie

beispielsweise Blogs zu diesem Thema veröffentlichen und

die Mitglieder darauf hinweisen.

Ein weiterer Vorteil von Gruppen ist, dass Sie jedem

Mitglied ohne Premium-Feature eine Nachricht senden

können, ohne dass Sie vernetzt sein oder LinkedIn-

Premium aktiviert haben müssen.

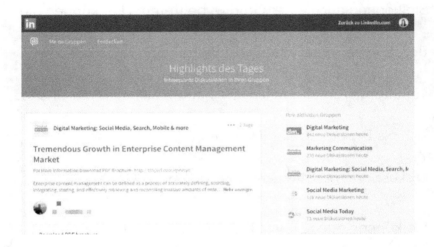

23. Erweiterte Suche

LinkedIn's Erweiterte Suche

bietet Ihnen eine substantiellere

Sucherfahrung. Wenn Sie zum

Beispiel herausfinden wollen, ob

Sie mit jemandem in Verbindung

stehen, der für ein bestimmtes

Unternehmen arbeitet. Geben

Personen filtern nach

Kontakte   ⌃

   1.   2.   3.

Stichwörter   ⌄

Kontakte von   ⌄

Standorte   ⌄

Aktuelle Unternehmen   ⌄

Frühere Unternehmen   ⌄

Branchen   ⌄

Profilsprache   ⌄

Nonprofit-Interessen   ⌄

Hochschulen   ⌄

Sie den Namen des Unternehmens in das entsprechende

Feld der erweiterten Suchmaske ein und filtern Sie die

Ergebnisse nach "Beziehung", um zu sehen, ob Sie direkte

oder indirekte Verbindungen zu Mitarbeitern haben.

24.   Nutzer markieren

Sie können auch in LinkedIn User mithilfe einem @-Zeichen

markieren. Dieser Nutzer wird danach benachrichtigt, dass

Sie ihn erwähnt haben. Sie können dies verwenden, um

Inhalte von anderen Personen zu teilen und diese

entsprechend so erwähnen, um das Ganze ein wenig

persönlicher zu gestalten.

Zudem werden diese Kontakte wahrscheinlich auch mal

häufiger an Sie denken und Sie markieren. So wird Ihre

Wichtigkeit noch einmal unterstrichen.

25. Kenntnisse anderer bestätigen

Wir haben die Funktion „Kenntnisse bestätigen" bereits

erklärt, jetzt wollen wir Ihnen noch einmal verdeutlichen,

wie wichtig es ist, dass auch Sie andere Kenntnisse

bestätigen. Sie helfen damit anderen weiter und

hinterlassen ein gutes Gefühl und können so Ihr Verhältnis

festigen.

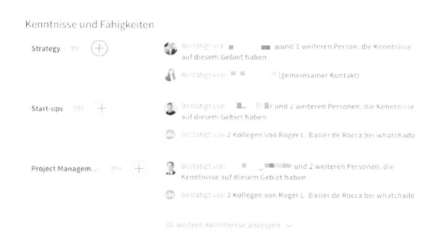

26. Was haben wir gelernt bisher?

Sie wissen nun, wie Sie sich mit Ihrem LinkedIn-Profil hervorheben und vernetzen können. Das heisst, Sie wissen, wem und wie Sie Direktnachrichten versenden können, sowie, wie Sie neue Kontakte durch die Funktion „sich vorstellen lassen" knüpfen können. Sie haben gelernt, dass Sie Ihren Newsfeed checken sollten und sich innerhalb der Plattform sichtbar zeigen sollten, damit Sie auch Ihre Profilbesucher sehen können. Weiter haben Sie erfahren, wie Sie Kontakte knüpfen und aus Ihrem Adressbuch importieren können. Zudem wissen Sie, wie Sie Gruppen beitreten können, die erweiterte Suche nutzen und Nutzer bei einem Beitrag markieren können. Ebenfalls können Sie auch Kenntnisse anderer bestätigen.

Dieser Vorgang gleicht einem Marathon und keinem Sprint. Haben Sie Geduld, bis Ihr Profil den gewünschten Effekt erzielt, langfristig gesehen zahlt es sich jedoch aus.

Im dritten und letzten E-Book „LinkedIn – Richtige Nutzung für Unternehmen" behandeln wir LinkedIn aus Unternehmenssicht. Wir zeigen Ihnen, auf was Unternehmen achten müssen und wie diese Ihr ideales Profil erstellen und nutzen können.

27. Linkedin für Unternehmen

In unseren ersten beiden Büchern haben wir Ihnen gezeigt, wie Sie als Privatperson Ihr LinkedIn Profil optimal gestalten und seriöses Networking betreiben können. Das heisst, Sie wissen, wem und wie Sie Direktnachrichten versenden können, sowie, wie Sie neue Kontakte durch die Funktion „sich vorstellen lassen" knüpfen können. Sie haben gelernt, dass Sie Ihren Newsfeed checken sollten und sich innerhalb der Plattform sichtbar zeigen sollten, damit Sie auch Ihre Profilbesucher sehen können. Weiter haben Sie erfahren, wie Sie Kontakte knüpfen und aus Ihrem Adressbuch importieren können. Zudem wissen Sie, wie Sie Gruppen beitreten können, die erweiterte Suche nutzen und Nutzer bei einem Beitrag markieren können. Ebenfalls können Sie auch Kenntnisse anderer bestätigen.

Wir haben bis jetzt nur die Möglichkeiten für Privatpersonen gezeigt, nun wollen wir noch auf Funktionen von Unternehmen eingehen. LinkedIn ist ein wichtiger Faktor fürs Social Selling, zeigen Sie Präsenz als Unternehmen. Auch ist es ein weiterer Werbeplatz, der Sie nichts kostet wie auch eine Ergänzung für Ihre Suchmaschinenoptimierung, da Sie noch einfacher gefunden werden. Wenn Sie sich aktiv einbringen, können Sie auch einen wichtigen Einfluss in Ihrer Branche ausüben.

28. Unternehmensseite erstellen

LinkedIn bietet die Möglichkeit, Unternehmensseiten zu erstellen, was anderen Personen dabei hilft, mehr Informationen über Ihr Unternehmen, Ihre Marke, Ihre Dienstleistungen und Ihre Produkte zu erhalten. Des Weiteren kann man auf solch einer Unternehmensseite auch die neusten Jobangebote einstellen.

All diese Eigenschaften sind für Unternehmen sehr wichtig, sodass inzwischen fast jedes moderne Unternehmen darauf achtet, auch bei LinkedIn eine Unternehmensseite zu haben. Allerdings sollte diese dann gut strukturiert sein und zudem auch effektiv eingesetzt werden.

Wenn Sie eine solche Seite erstellen möchten, dann bedenken Sie, dass nicht jeder eine Unternehmensseite erstellen kann. Hier stellt LinkedIn eine Reihe an Voraussetzungen und Bedingungen, die dafür sorgen, dass wirklich nur reale Unternehmen diese einmalige Eigenschaft nutzen.

Folgende Bedingungen und Konditionen hat LinkedIn:

- Es wird ein korrektes Profil benötigt. Dieses beinhaltet einen richtigen Vor- und Nachnamen.

- Ihr Profil ist 7 Tage alt oder älter.

- Achten Sie auf Ihre Profil Aussagekraft. Diese muss mindestens eine mittlere Aussagekraft haben, damit

Sie eine Seite erstellen können. Die Angaben hierzu

finden Sie auf Ihrer Profilseite.

- Sie brauchen mehrere Kontakte.

- Sie haben zurzeit einen Job und geben diesen auch

  in Ihrem Profil an.

- Ihr LinkedIn-Profil ist mit einer geschäftlichen E-Mail-

  Adresse bestätigt worden.

- Die E-Mail-Domain des Unternehmens ist klar und

  eindeutig.

Wenn Sie diese Bedingungen und Voraussetzungen

erfüllen, können Sie relativ simpel eine Unternehmensseite

erstellen.

Allerdings können Sie immer nur eine Seite für ein

Unternehmen erstellen. Des Weiteren gibt es auch noch

weitere Aspekte, die Sie auf jeden Fall beachten sollten.

29. Profilbild & Header

Stellen Sie sicher, dass Ihre Seite absolut umwerfend ist.

Verwenden Sie ein seriöses Profilbild sowie einen

ansprechenden Header in ausreichender Qualität. Das

Firmenlogo sollte auf jeden Fall präsent sein, ob im Header

oder im Profilbild selbst. Den Header können Sie ruhig

kreativ sein, es kann Ihrer Corporate Identity entsprechen,

ein Bild Ihres Hauptsitzes oder wie bei Swisscom, ein Bild

einer angenehmen Arbeitsatmosphäre darstellen.

30. Vollständigkeit

Füllen Sie Ihr Profil vollständig aus, lassen Sie kein leeres

Feld übrig. So wird Ihr Unternehmen auf LinkedIn besser

gefunden und bietet jede mögliche Information. Als

vollständig gilt ein Profil dann, wenn ein Profilbild, ein

Header, eine Übersicht, aktuelle Jobanzeigen, die

Unternehmenskultur und „Über uns" ausgefüllt ist.

31. Suchmaschinen-optimierung / SEO

In der Suchmaschine Google oder Yahoo/Bing sieht man

lediglich die ersten 150 Zeichen des Textes Ihrer

Unternehmensseite. Deswegen gibt es hier schon einen

ersten Rat: formulieren Sie so kurz, prägnant und spannend

wie möglich. Des Weiteren sollten Sie hier auch Keywords

verbauen, sodass Ihr LinkedIn Profil für gewisse

Suchanfragen bei Google sogar angezeigt wird.

Über uns

Finding the right job begins with your connections. Get started
on LinkedIn. #TheWayIn

Founded in 2003, LinkedIn connects the world's professionals
to make them more productive and successful. With more than
530 million members worldwide, including executives from
every Fortune 500 company, LinkedIn is the world's largest
professional network on the Internet. The company has a
diversified business model with revenue coming from Talent
Solutions, Marketing Solutions, and Premium Subscriptions
products. Headquartered in Silicon Valley, LinkedIn has offices
across the globe.

32. Beiträge posten

Wenn Sie überlegen, was Sie auf Ihrer Seite posten sollen, dann denken Sie daran, dass visueller Inhalt viel überzeugender ist. Posten Sie deswegen lieber Bilder, Videos und auch Links zu spannenden Inhalten, die ebenso multimediale Inhalte beinhalten. Es wäre falsch, wenn Sie nur Ihre Produkte oder Dienstleistungen teilen. Teilen Sie lieber wirklich hochwertige und informierende Inhalte. Bewerben Sie kostenfreie e-Books, Handbücher, Webinare oder Ihre Blogartikel. Denn LinkedIn bietet die sogenannten Fokusseiten für Ihre Produkte und Dienstleistungen. Hier können Sie diese dann präsentieren und vorstellen.

Tipp: Wenn Sie einen Post veröffentlichen möchten, können Sie die automatisch erstellte Überschrift und Beschreibung auswählen und diese individuell anpassen.

Was leider zu selten gemacht wird, ist, dass eine wirkliche Community aufgebaut wird. Angenommen Ihr Status wird kommentiert, das Erste, ~~~

den Kommentar zu antwo

Swisscom
1 Woche

The digital transformation is stressing the IT domain more than ever. How can we ensure a good level of security under such pressure? As so often, there is no hidden miracle and we need to climb the peak step by step.

Climbing digital Peaks - Approaches to sustainable Application Securit...
ict.swisscom.ch

26 Gefällt mir · 1 Kommentar

33. Reagieren Sie

Wenn jemand Ihren Status kommentiert, antworten Sie der

Person. Das oberste Ziel ist es, Ihre LinkedIn-Seite in eine

Community für Ihre Marke zu entwickeln. Ohne Ihren

Einsatz wird das aber nicht passieren.

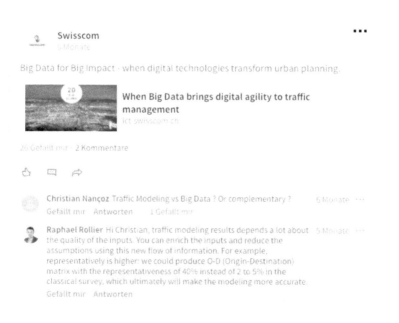

34. Mitarbeiter informieren

Sie sollten zudem auch all Ihre Mitarbeiter darüber benachrichtigen, dass Sie nun eine Unternehmensseite auf LinkedIn haben. Fragen Sie doch bei Ihren Mitarbeitern nach, ob diese Ihre Seite einmal teilen oder Kommentare hinterlassen, sodass auch deren Kontakte von der Unternehmensseite erfahren. Sie sollten Ihre Mitarbeiter aber definitiv nicht dazu zwingen. Stellen Sie die Seite einfach vor und motivierte Mitarbeiter werden die Beiträge oder die Seite von selbst teilen.

91 Personen von Ihrer Hochschule waren hier angestellt.
Alle 11.278 Mitarbeiter auf LinkedIn ansehen →

35. Zielgruppen-targeting

Seit kurzem gibt es auch die Möglichkeit, dass man Beiträge an ein bestimmtes Publikum adressieren kann. Hierzu kann man gewisse Parameter bedienen, wie beispielsweise Unternehmensgrösse, Branche, Seniorität, Geografie und auch die Sprache. Diese Einstellung ist kostenfrei und kann durchgängig genutzt werden.

Hierfür müssen Sie einfach einen Beitragerstellen und bevor Sie diesen senden, klicken Sie auf „Mitteilen:" hier wählen Sie nicht „Alle Follower" aus, sondern „Zielgruppe". Nun können Sie sich eine passende Zielgruppe erstellen und für speziell für diese einen Beitrag veröffentlichen.

Zielgruppeneinstellungen   ✕

Sprache

+ Sprache hinzufügen

Region   Durchsuchen

+ Region hinzufügen

Tätigkeitsbereich

+ Tätigkeitsbereich hinzufügen

Hochschule

+ Hochschule hinzufügen

Branche   Durchsuchen

+ Branche hinzufügen

Firmengröße

                                                              Abbruch

36. LinkedIn Analytics

Ferner bietet LinkedIn für Unternehmensseiten auch

Analysemöglichkeiten. Diese sind sehr hilfreich, denn so

können Sie mit nur wenigen Klicks erkennen, welche

Beiträge von Ihnen am besten ankamen. Des Weiteren

können Sie auch Ihre Follower und Besucher untersuchen,

sodass Sie eventuell Ihre Zielgruppe noch einmal anpassen

sollten. Hier erhalten Sie beispielsweise sogar die

Demografie der Personen.

Fokusseiten

Denken Sie daran, was bereits etwas weiter oben gesagt wurde: Unternehmensseiten sind nicht dafür da, dass man Produkte und Dienstleistungen vorstellt. Hierfür bietet LinkedIn die sogenannten Fokusseiten an. Diese können Sie auch recht simpel erstellen und nutzen.

Man kann die Fokusseiten in etwa mit Nischenseiten vergleichen, die sich allerdings von Ihrer eigentlichen Seite abheben. Auf diesen Seiten können Sie dann Ihre Produkte oder Ihre Dienstleistung anbieten. Sie können sich dort auch an Ihre vorab definierten Zielgruppen wenden und diesen ein einmaliges Erlebnis ermöglichen. Zudem ist es möglich, dass die Besucher auch den Fokusseiten an sich folgen. Hier besteht auch ein massiver Vorteil und zwar

können Sie die Seite genau für Ihre Zielgruppe herrichten.

Wir haben hier einmal die wesentlichen Unterschiede

zusammengefasst:

- Fokusseiten bieten ein grösseres Hintergrundbild.

- Fokusseiten sind vom Layout her aufgebaut wie eine

  Zeitung. Es gibt nämlich zwei   Spalten.

- Fokusseiten haben keine separate Abteilung für

  Jobangebote.

- Die Fokusseiten verweisen alle auf die eigentliche

  Unternehmensseite.

- Sie können keine Mitarbeiterprofile mit der

Fokusseite verbinden.

Fokusseiten	Verbundene Unternehmen

 Swisscom Enterprise Customers
Telekommunikation
6.661 Follower

 localsearch (Swisscom Directories AG)
Informationsdienste
2.144 Follower

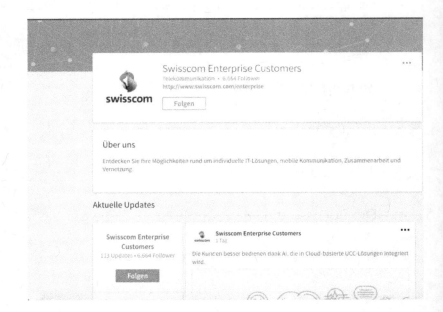

38. LinkedIn Ads

Ein weiterer Aspekt, der sehr oft vergessen wird, ist, dass

man auf LinkedIn sogar Werbeanzeigen schalten kann.

Zwar ist diese Werbung sehr kostenintensiv, allerdings

erreicht man dadurch genau die Leute, die man auch

erreichen möchte.

Hierfür haben wir einmal einige Gründe aufgeschrieben:

- Man kann die Zielgruppe sehr genau definieren.

- Auf LinkedIn geben Nutzer viel mehr Informationen

  über sich preis, als auf Twitter oder Facebook.

Wenn Sie die LinkedIn Werbeanzeigen nutzen möchten,

können Sie sich zwischen Sponsored Updates und

Textanzeigen entscheiden. Allerdings herrschen hier auch

massive Unterschiede. Beispielsweise werden Textanzeigen rechts neben dem Newsfeed angezeigt. Diese nutzt man normalerweise, wenn man Produkte oder Dienstleistungen anwerben möchte.

Die Sponsored Updates erscheinen dann im Newsfeed ausgewählter Nutzer und befassen sich mit unternehmensspezifischen Inhalten, wie beispielsweise Blogartikeln. Dadurch, dass diese Art der Werbeanzeige gleich viel mehr Aufmerksamkeit erhält, ist es auch nicht schlimm, dass diese mal etwas mehr kostet.

Schliesslich erhält man hierfür qualifizierte Leads, die ein wirkliches Kaufpotential besitzen.

ACHTUNG: Die obige Beschreibung bezieht sich auf die LinkedIn Self-Service-Plattform. Es gibt noch eine weitere

Plattform namens LinkedIn Marketing Solutions. Diese

bietet noch viele weitere Angebote. Die Möglichkeit auf

dieser Plattform Werbung zu schalten, scheint dort schier

endlos zu sein. Beispielsweise gibt es den Lead Accelerator

und den Sales Navigator.

39. Slideshare

Bei Slideshare kann man Slideshows erstellen und diese dann abspielen lassen.

Der Vorteil hierbei ist, dass dies noch weitaus mehr Aufmerksamkeit anzieht und man dadurch die Chance auf Leads um ein Vielfaches erhöht. Das Erstellen dieser ist recht simpel. Sie brauchen auf jeden Fall ansprechende Bilder. Wenn Sie Bilder von Personen nehmen, dann sollten Sie sich für Bilder von Frauen entscheiden, denn diese kommen einfach besser an.

Zudem können Sie einen kurzen Satz auf das Bild schreiben. Fordern Sie den Betrachter hier idealerweise zu einer Handlung auf!

40. LinkedIn ProFinder

LinkedIn hat neu den LinkedIn ProFinder eingeführt. Mit

diesem hat LinkedIn eine Plattform für Freelancer errichtet,

mit dieser Sie als Unternehmen über LinkedIn-Profile

Freelancer suchen können. Freelancer tragen darin Ihre

Skills, Erfahrungen und Empfehlungen ein.

Wenn Sie nach einem bestimmten Dienst suchen,

erscheinen die idealen Business-Partner für Sie. Leider ist

dieser Service in der Schweiz noch nicht erhältlich, sollte

aber bald verfügbar werden. Wir sind gespannt.

41. Content Marketing Score

Der Content Marketing Score ist ein Empfehlungsmodul, welches Ihre Wirkung quantifiziert, indem es die Interaktion Ihrer Zielgruppe mit Ihren Inhalten misst.

Es zeigt zudem, wie Sie gegenüber Ihren Mitbewerbern stehen. Sie finden auf LinkedIn eine Übersicht der Bewertungen Ihrer Inhalte. Sie können sogar eine Übersicht über die Leistung Ihrer Inhalte auf der LinkedIn-Plattform finden, ebenfalls mit Unternehmensupdates, gesponserte Updates, Gruppen, Influencer-Posts und mehr. Durch diese Übersicht können Sie verfolgen, wie gut Sie sich mit Ihrem Publikum identifizieren können.

42. Trending Content Resources

Trending Content ordnet die Themen so an, dass die bei

bestimmten Zielgruppen am wichtigsten erkannten

LinkedIn am stärksten sind, so an, dass Sie Ihre Inhalte auf

maximale Relevanz ausrichten können. Mit Trending

Content können Sie Trendthemen und die damit

verknüpften Top-Artikel sehen, die nach Engagement auf

LinkedIn geordnet sind. Außerdem sehen Sie, welche

Zielgruppensegmente die meisten Inhalte zu einem

bestimmten Thema teilen.

43. Schlusswort

Sie können nun eine seriöse, vollständige Unternehmensseite erstellen, die zudem SEO-optimiert ist. Zusätzlich wissen Sie, wie Sie Beiträge auch zielgruppenorientiert posten und darauf reagieren. Sie kennen LinkedIn Analytics und Fokusseiten sowie LinkedIn Ads. Sie wissen um die aktuellen Trends wie den LinkedIn ProFinder, den Content Marketing Score und die Trending Content Ressources.

Nun wissen Sie alles, was Sie über LinkedIn wissen müssen. Fangen Sie noch heute an, Ihre LinkedIn Unternehmensseite auszubauen und optimieren Sie diese. Wie Sie gesehen haben, steckt sehr viel Potenzial hinter solch einer Seite. Sofern Sie unsere Ratschläge alle befolgt

haben, haben Sie nun nicht nur ein gutes vernetztes Profil,

sondern sind ebenso in der Lage, tolle

Geschäftsmöglichkeiten zu realisieren. Beispielsweise

kommen Sie so besser in Kontakt mit Recruitern, Kunden,

Auftraggebern und weitere interessante Personen, die

Ihnen sehr nützlich sein werden.

44. Über den Autor

Roger L. Basler (de Roca) ist Betriebsökonom FH und

Unternehmens-Architekt. Er ist Referent und Autor seit

mehreren Jahren und bekannt für innovative

Geschäftsmodelle. Als Digital Native mit einer Vorliebe für

Sprachen und fremde Länder war er lange als Berater im

Ausland (unter anderem in China, den USA, im Naher

Osten sowie in Nordeuropa) tätig. In seiner Funktion als

Unternehmens-Architekt steht er etablierten Unternehmen

und Startups in der Schweiz, Deutschland und Österreich in

den Bereichen Business-Development, Digitales Marketing

und e-Commerce als Investor und unternehmerisch

beteiligter Berater zur Seite.

Er ist ausserdem Dozent bei der Digicomp, der

Somexcloud (Social Media Academy), der KV Business

School, beim Innopark, Startup Live, sowie dem IFJ (Institut

für Jungunternehmer). Er ist Autor diverser KMU

Fachartikel und Bücher zu den Themen Digitalem

Marketing, Startups, Produktivität, Social Media und e-

Commerce.

45. Buchempfehlung

Ich freue mich, wenn Ihnen mein Buch gefallen hat und möchte Ihnen an dieser Stelle ein Werk empfehlen, welches mich persönlich sehr inspiriert hat:

THE ONE THING

The Surprisingly Simple Truth Behind Extraordinary Results

ist die Nummer 1 der US Bestseller. Es geht in diesem Buch darum, wie man durch Bündelung seiner Energien auf ein Ziel sehr Grosses erreichen kann. Das persönliche "ONE Thing" – die eine, im Moment wichtigste, Sache – finden, sich für eine bestimmte Zeit ganz darauf konzentrieren, und so effektiver seine Ziele (privat oder beruflich) erreichen. Also eine Anwendung des Pareto-

Prinzips: Nicht nur die 20% suchen, die 80% des Erfolgs ausmachen, sondern wirklich nur eine einzige Sache! Das ist leichter gesagt als getan, aber wie es gehen kann, erklären Gary Keller und Jay Papasan.

Buch auf Amazon: <u>The One Thing</u>:

46. Haftungsausschluss

Die Benutzung dieses Buches und die Umsetzung der darin enthaltenen Informationen erfolgt ausdrücklich auf eigenes Risiko.

Das Werk inklusive aller Inhalte wurde unter grösster Sorgfalt erarbeitet. Dennoch können Druckfehler und Falschinformationen nicht vollständig ausgeschlossen werden.

Der Autor übernimmt keine Haftung für die Aktualität, Richtigkeit und Vollständigkeit der Inhalte des Buches, ebenso nicht für Druckfehler. Es kann keine juristische Verantwortung sowie Haftung in irgendeiner Form für fehlerhafte Angaben und daraus entstandenen Folgen vom. Autor übernommen werden.

Für die Inhalte von den in diesem Buch abgedruckten

Internetseiten sind ausschliesslich die Betreiber der

jeweiligen Internetseiten verantwortlich.

1. Auflage Januar 2018

Autor, Herausgeber, Redaktion, Satz, Gestaltung (inkl.

Umschlaggestaltung), Texte, Bilder, Titelbild: Roger L.

Basler